COSTUMES DES REPRÉSENTANS
DU PEUPLE FRANÇAIS

Membres des deux Conseils,
Du Directoire Exécutif, des Ministres,
Des Tribunaux, des Messagers d'Etat,
Huissiers, et autres fonctionnaires Publics

Conseil des Cinq-Cents.

COSTUMES DES REPRÉSENTANS
DU PEUPLE FRANÇAIS

Membres des deux Conseils,
Du Directoire Exécutif, des Ministres,
Des Tribunaux, des Messagers d'Etat,
Huissiers, et autres fonctionnaires Publics

St Sauveur direx. — Labrousse Sculp.

Conseil des Cinq-Cents

An 4me de la République française.
1796.

COSTUMES
DES
REPRÉSENTANS DU PEUPLE,
MEMBRES DES DEUX CONSEILS,
DU DIRECTOIRE EXÉCUTIF,
DES MINISTRES, DES TRIBUNAUX,
DES MESSAGERS D'ÉTAT, HUISSIERS,
Et autres fonctionnaires publics, etc.

Dont les dessins originaux ont été confiés par le Ministre de l'Intérieur au Citoyen GRASSET S. SAUVEUR ; *gravées par le Cit.* LABROUSSE, *artiste de Bordeaux, connu par ses talens, et coloriés d'après nature et avec le plus grand soin.*

Chaque figure est accompagnée d'une Notice historique.

A PARIS,
Chez DEROY, Libraire, rue du Cimetière André-des-Arts, n°. 15.

AU PEUPLE FRANÇAIS.

Les premiers bienfaits de nos nouvelles lois, vont enfin cimenter le règne de cette fraternité douce qui doit consolider le règne de la justice distributive. C'est un beau spectacle pour les amis de la République, que de pouvoir fixer les yeux sur les premiers Magistrats de la nation, et d'être stimulé par le désir de pratiquer les vertus, qui donnent seules le droit de commander à tous pour le bien de tous.

Le desir de plaire aux yeux et de parler au cœur, m'a fait entreprendre cet ouvrage. Assez d'autres chercheront à me surpasser, mais j'aurai au moins l'honneur de l'avoir entrepris. La récompense de mon zèle civique se trouvera dans l'intention qui a dirigé mes pinceaux.

J. Grasset Saint-Sauveur.

DISCOURS

PRÉPARATOIRE.

L'AMOUR de la liberté a jetté les fondemens de la République française; l'expérience, la sagesse, et le génie viennent d'établir cette nouvelle Constitution, conception sublime et hardie, que nos longs malheurs doivent nous rendre chère. Elle prit naissance au milieu des orages; la volonté souveraine du peuple l'a sanctionnée, elle règne maintenant sur les français, et leur prépare de beaux jours.

Les principes de cette Constitution ont été puisés, en partie, dans la législation de *Penn*, dans celle des *États unis d'Amérique*, et chez nos fiers rivaux, habitans des bords de la *Tamise*. Mais elle fut adaptée au génie de la nation française, à son amour pour la liberté, aux besoins qu'elle avoit d'un gouvernement.

Cette Constitution doit être aimée des français; elle pose sur des bases inébranlables, les droits du citoyen; elle consacre la liberté individuelle; elle protège les personnes et les propriétés; elle terrasse l'anarchie, réprime les mouvemens séditieux, donne une force active au gouvernement, et oblige les Législateurs à ne créer des lois qu'après un mur examen, enfantées par le génie, sanctionnées par la sagesse et l'expérience.

Dans des temps de troubles et d'anarchie, on crut qu'il n'étoit pas nécessaire de donner un costume aux fonctionnaires publics. Les Législateurs même qui créèrent la Constitution de 1791, négligèrent cette partie si essentielle, pour imprimer à la magistrature ce caractère de grandeur et de majesté qui l'environne de respect.

Les grandes Républiques ont aimé cette représentation de leurs Magistrats. Quel luxe, quelle magnificence, quelle dignité dans le costume des *Grecs*, dans celui des *Romains!* Les pères de la Constitution française ont donné aux Législateurs, au Directoire exécutif, et à tous les fonctionnaires publics, un costume qui leur est propre, qui convient à leur caractère, et digne du peuple qu'ils gouvernent et qu'ils représentent.

On aime encore à jetter un coup d'œil sur ces vêtemens d'honneur que la sculpture et la peinture nous ont transmis, et qu'elles avoient imités des peuples leurs contemporains. On recherche avec plaisir les ornemens, les habits pontificaux, ces costumes qui décoroient les *vestales*, les *augures*, et les consuls de *Rome*; on a recherché même avec soin tous les monumens échappés aux ravages du temps qui portent quelque empreinte de ces vêtemens modelés dans la nature, et qui semblent ajouter quelque chose à l'*homme*.

De célèbres artistes ont exécuté les nouveaux costumes constitutionnels, créés par le goût et le génie, étudiés dans l'antique, et qui sont à-la-fois dignes de la fierté républicaine et de la richesse d'une nation opulente.

C'est avec la même ardeur qu'on tâche de se procurer tout ce qui tient à l'antiquité, que les français voudront connoître nos nouveaux costumes, et jouir du plaisir d'y jetter quelquefois les regards, et les comparer avec ceux des *Grecs* et des *Romains*.

C'est pour satisfaire cette noble curiosité que l'on offre aux amateurs des beaux arts la réunion de tous ces costumes rendus avec une vérité scrupuleuse. On a tâché de réunir à-la-fois l'utile et l'agréable, et de mettre à portée les citoyens et l'étranger de connoître le costume de toutes les autorités constituées de la République française. Tous les fonctionnaires publics ne peuvent se passer de cet ouvrage, et nous espérons qu'ils nous sauront gré de l'avoir entrepris.

S.t Sauveur direx. Labrousse Sculp.

Membre du Conseil des Cinq Cent.

J. Sauveur direx. Labrousse Sculp.

Membre du Conseil des Cinq Cent.

COSTUME
DES MEMBRES
DU CONSEIL DES CINQ-CENTS.

Les Membres qui composent le Conseil des Cinq-cents, portent la robe longue et blanche, la ceinture bleue, le manteau écarlate, (le tout en laine) la toque de velours bleu.

Ce Conseil a l'initiative des lois ; c'est dans son sein que se forment les résolutions qui sont présentées au Conseil des Anciens. Le Directoire exécutif communique directement avec lui ; il lui présente tous les grands objets qui peuvent influer sur le bonheur public, et toutes les lois qui sont nécessaires à la prospérité de la République. Dans ce Conseil, la carrière est ouverte au génie ; les orateurs peuvent donner l'essor à leur imagination, produire de grandes idées, des projets utiles, de vastes conceptions. L'éloquence doit obtenir à cette tribune les triomphes les plus signalés, et renouveller ces prodiges qui font la gloire de l'*antique Rome* et de la *savante Athène*. Il est permis au vrai talent de se laisser maîtriser par l'enthousiasme du beau, du grand et du sublime, par les nobles élans d'un cœur enflammé de l'amour de la patrie, par les grandes conceptions du génie.

S.t Sauveur dir. — Labrousse Sculp.

Membre du Conseil des Anciens.

S^t. Sauveur direx. Labrousse Sculp.

Membre du Conseil des Anciens.

COSTUME

DES MEMBRES

QUI COMPOSENT

LE CONSEIL DES ANCIENS.

MÊME forme de vêtement; la robe en bleu violet, la ceinture écarlate, le manteau blanc, (le tout en laine) la toque de velours, même couleur que la robe.

Ces deux vêtemens ornés de broderie de couleur.

Ce Conseil examine les résolutions qui lui sont présentées par celui des Cinq-Cents. Il les approuve ou les rejette, après qu'elles ont été soumises à la discussion. Il profite des débats que des motions, souvent peu réfléchies, que l'enthousiasme et l'amour de la patrie ont pu produire dans le Conseil des Cinq-Cents.

Guidés par les leçons de la sagesse et de l'expérience, de la prudence et de la modération, qui se trouvent ordinairement chez les vieillards, il n'adopte que ces mesures mûrement réfléchies, qui peuvent être utiles à la chose publique ou servir la patrie. Il faut que les orateurs, dans ce Conseil, ayent l'éloquence des choses et non celle des mots; que leurs discours soient appuyés sur des raisonnemens solides et profonds, et qu'ils ne se laissent jamais entraîner par une imagination déréglée, par un civisme mal-entendu, par le desir de briller, et de courir à l'immortalité. Dans le Conseil des Cinq-Cents, ce sont des orateurs qui parlent avec une force républicaine : dans le Conseil des Anciens, ce sont des Sages qui délibèrent, qui prononcent au nom de la liberté et du bonheur public.

S.t Sauveur direx. Labrousse Sculp.

Membre du Directoire Executif.

Dans son Costume ordinaire.

S.t Sauveur direx. Labrousse Sculp.

Membre du Directoire Exécutif.

Dans son Costûme ordinaire.

S.t Sauveur direxit. Labrousse Sculp.

Membre du Directoire Executif
dans son grand Costume.

S.t Sauveur direx. Labrousse Sculp.

Membre du Directoire Executif
dans son grand Costume.

COSTUME
DU
DIRECTOIRE EXÉCUTIF.

LE Directoire exécutif aura deux costumes ; l'un pour ses fonctions ordinaires, l'autre, pour les représentations dans les fêtes nationales, etc.

Costume ordinaire.

Habit-manteau à revers et à manches, couleur nacarat, doublé de blanc, richement brodé en or sur l'extérieur et les revers.

Veste longue et croisée, blanche et brodée d'or.

L'écharpe, en ceinture, bleue à franges d'or, le pantalon blanc, (le tout en soie).

Le chapeau noir, rond, retroussé d'un côté et orné d'un panache tricolor.

L'épée portée en baudrier sur la veste : la couleur du baudrier nacarat.

Grand costume.

L'habit-manteau bleu, et par dessus un manteau nacarat.

Le Directoire exécutif est le dépositaire du pouvoir de la nation. Il est la première des autorités constituées, celle qui surveille toutes les autres. Il fait les traités, a l'initiative de la paix et de la guerre; sollicite auprès du Corps Législatif la ratification de ces traités, et présente les déclarations de paix et de guerre; il dirige les armées de la République, nomme à toutes les places qui lui sont réservées par la Constitution. Plus puissant que les Monarques, les membres du Directoire exécutif commandent à des hommes libres. Leur pouvoir consiste à faire exécuter les lois, à obéir eux-mêmes à la volonté du Peuple qui s'exprime par la Constitution. Ils doivent représenter avec noblesse, avec grandeur, avec magnificence, ce Peuple, le plus puissant de l'Europe. Le Directoire exécutif paroît dans les fêtes publiques, reçoit les Ambassadeurs des puissances étrangères, et correspond, par le moyen des envoyés de la République, avec tous les peuples du monde. On rend aux membres du Directoire exécutif tous les honneurs militaires.

S.t Sauveur direx. Labrousse Sculp.

Secretaire
du Directoire Executif.

S.t Sauveur direx. Labrousse Sculp.

Secretaire
du Directoire Executif.

COSTUME
DU SECRÉTAIRE
DU DIRECTOIRE EXÉCUTIF.

Même forme de vêtement que celui du Directoire exécutif dans son costume ordinaire. Tout en noir, le panache noir avec une seule plume rouge.

Un cachet suspendu en sautoir sur la poitrine.

Ce fonctionnaire public, admis dans les audiences et les comités secrets du Directoire, est celui qui dresse les arrêtés, qui les signe, les expédie, les fait transcrire sur les registres. Il accompagne le Directoire dans toutes les séances publiques et particulières. Le cachet qu'il porte sur sa poitrine est pour lui l'emblême du secret qu'il doit garder, et qu'il ne peut enfreindre sans crime.

COSTUMES

St. Sauveur direx. Labrousse sculp.

Ministre.

St. Sauveur direx. Labrousse sculp.

Ministre.

COSTUME
DES
MINISTRES.

MÊME forme de vêtement que celui du Directoire exécutif. Le dessus noir, doublure, revers, veste et pantalon ponceau ; l'écharpe en ceinture, blanche, (le tout en soie et orné de broderies en soie de couleur.) Le chapeau noir, surmonté d'un panache ponceau, le baudrier noir.

Il y a six ministres, savoir : de l'Intérieur, de la Justice, de la Guerre, de la Marine, des Finances, et des Relations extérieures.

Ils sont nommés par le Directoire exécutif, et surveillés par lui; ils sont responsables des suites funestes d'une mauvaise administration; ils ne peuvent point correspondre directement avec le Corps Législatif.

De bons ministres font la prospérité des empires; leurs travaux assidus, leur amour pour la justice, l'ordre et la paix leur font opérer le bien. Ils sont les bras droits du gouvernement : heureux les premiers de l'État, lorsqu'ils savent appeler pour les aider dans leurs grandes entreprises, des hommes distingués par leur connoissances, leurs talens, leur probité, et par leur amour pour la patrie!

S^t. Sauveur direx. Labrousse Sculp.

Messager d'Etat

S.t Sauveur direx. Labrousse Sculp.

Messager d'Etat

COSTUME
DES
MESSAGERS D'ÉTAT.

VESTE longue et blanche, ceinture bleue, pantalon bleu, manteau court bleu à revers rouge; chapeau noir, rond, orné d'une plume blanche panachée de bleu et de rouge; bottines.

Les deux Conseils ont chacun quatre Messagers, le Directoire exécutif en a aussi quatre. Ce sont eux qui sont porteurs de la correspondance qui doit exister entre ces premières autorités constituées. Dans leurs fonctions, ils sont toujours accompagnés de deux huissiers. Quand ils doivent entrer dans le local des séances du Corps Législatif, ou du Directoire, on ouvre les deux battans de la porte d'entrée : ils sont reçus par deux huissiers, et conduits devant le siège du président; ils remettent leurs messages à l'un des secrétaires, qui leur délivre ensuite un reçu; ils sont reconduits par les deux huissiers jusqu'à la porte.

S.t Sauveur direx.

Labrousse Sculp.

Huissier du Directoire Exécutif et du Corps Législatif.

St Sauveur direx. Labrousse Sculp.

Huissier du Directoire Exécutif et du Corps Législatif.

COSTUME

DES HUISSIERS

DU DIRECTOIRE ET DU CORPS LÉGISLATIF.

VESTE longue noire, culotte et bas, ou pantalon noirs, écharpe en ceinture rouge, toque rouge ornée d'une plume rouge; un bâton noir avec une pomme d'ivoire, et de la hauteur de l'homme; un petit manteau noir.

Ces fonctionnaires résident dans le lieu des séances du Corps Législatif, et dans celui du Directoire; ils sont chargés d'accompagner les Messagers d'état, d'imposer silence, et ils obéissent aux ordres du président.

S.t Sauveur direx. Labrousse Sculp.

Membre de haute cour de Justice.

S.t Sauveur direx. Labrousse Sculp.

Membre de haute cour de Justice.

COSTUME

DES

MEMBRES ET ACCUSATEURS PUBLICS

DE LA HAUTE COUR DE JUSTICE.

MÊME forme de vêtement que celui du Corps Législatif. Ce vêtement entièrement blanc, ainsi que la toque; il est orné d'une bande tricolore.

La robe et la toque des deux Accusateurs publics, près cette cour, sont en bleu clair, la ceinture rouge, le manteau blanc.

Cette cour est instituée pour juger les accusations admises par le Corps Législatif, soit contre ses propres membres, soit contre ceux du Directoire exécutif. Elle ne se forme qu'en vertu d'une proclamation du Corps Legislatif, rédigée et publiée par le Conseil des Cinq-Cents. Elle se forme et tient ses séances dans le lieu désigné par la proclamation du Conseil des Cinq-Cents. Ce lieu ne peut être plus près qu'à douze myriamètres de celui où réside le Corps Législatif. Les actes d'accusation sont dressés et dirigés par le Conseil des Cinq-Cents.

Les assemblées électorales de chaque département nomment tous les ans un juré pour la haute cour de justice.

S.t Sauveur direx. Labrousse Sculp.

Membre du Tribunal de Cassation.

S.t Sauveur direx. Labrousse Sculp.

Membre du Tribunal de Cassation.

COSTUME

DES MEMBRES DU TRIBUNAL DE CASSATION,

ET DU COMMISSAIRE DU DIRECTOIRE EXÉCUTIF, PRÈS CE TRIBUNAL ET AUTRES TRIBUNAUX.

MÊME forme de vêtement que celui du Corps Législatif. La robe et la toque en bleu clair, le manteau blanc et la ceinture rouge.

Il y a, pour toute la République, un seul Tribunal de Cassation.

Il prononce, 1°. sur les demandes en cassation contre les jugemens en dernier ressort rendus par les tribunaux.

2°. Sur les demandes en renvoi d'un tribunal à un autre, pour cause de suspension légitime ou de sûreté publique.

3°. Sur les réglemens des juges et les prises à partie contre un tribunal entier.

Le nombre des juges de ce tribunal ne

peut excéder les trois quarts du nombre des départemens. Ce tribunal est renouvellé par cinquième tous les ans.

Le Corps Législatif ne peut annuller les jugemens de ce tribunal, sauf à poursuivre personnellement les juges qui auroient encouru la forfaiture.

Le vêtement du Commissaire du Directoire à la même forme que celui du Directoire exécutif. Ce vêtement est entièrement noir.

Nota. Tous les Commissaires du Directoire exécutif, près les tribunaux, auront ce même vêtement.

Ces fonctionnaires publics remplacent dans les tribunaux ce qu'on appeloit autrefois les *Gens du roi*. C'est à leur requête que le magistrat s'occupe des affaires qui lui sont présentées; ils communiquent aux juges les arrêtés qu'ils reçoivent du Directoire exécutif, et veillent à ce que les lois et les formes dans les procédures soient observées.

S.t Sauveur direx. Labrousse Sculp.

Membre du Tribunal Civil

S.t Sauveur direx. Labrousse Sculp.

Membre du Tribunal Civil

S.t Sauveur direx. Labrousse sculp.

Membre du Tribunal Criminel.

St Sauveur direx. Labrousse Sculp.

Membre du Tribunal Criminel

St Sauveur direx. Labrousse Sculp.

Juge de Paix.

S.t Sauveur direx. Labrousse Sculp.

Juge de Paix.

COSTUMES
DES TRIBUNAUX
DE JUSTICE CORRECTIONNELLE, CRIMINELLE ET CIVILE, ET DES JUGES-DE-PAIX.

Les membres des Tribunaux resteront vétus ainsi qu'ils étoient ; des marques distinctives leur ont été données relativement à leurs fonctions respectives. Savoir :

Pour le Tribunal de Justice Correctionnelle, un petit faisceau sans hache, suspendu en sautoir par un ruban bleu, liseré de rouge et de blanc.

Pour le Tribunal Criminel, un faisceau avec hache, suspendu en sautoir par un ruban rouge liseré de bleu et de blanc.

Pour le Tribunal Civil, un œuil en argent, également suspendu par un ruban blanc, liseré de rouge et de bleu.

Les Juges-de-Paix n'ont point de vêtement particulier ; mais pour marque distinctive, ils porteront une branche d'olivier en métal, suspendue sur la poitrine par un ruban blanc, avec un très-petit liseré bleu et rouge; ils auront à la main un bâton blanc de la hauteur de l'homme, et surmonté d'une pomme d'ivoire, sur laquelle sera gravé un œil noir.

Ces fonctionnaires jugent de tous les délits qui sont de leur compétence, ils terminent les différens qui s'élèvent entre les citoyens, sévissent d'après les lois contre les perturbateurs du repos public, contre tous les hommes qui sont coupables de quelque attentat contre la société. Les Juges-de-Paix tâchent de concilier, à l'amiable, les différens qui s'élèvent parmi leurs concitoyens; il n'est point dans la magistrature de fonctions plus intéressante : nous avons imité les anglois dans cette manière de rendre la justice, qui fait l'admiration des peuples de la terre, et dont nos neveux béniront la sage institution.

S^t. Sauveur direx. Labrousse Sculp.

Membre d'Administration, Départementale

S^t. Sauveur direx. Labrousse Sculp.

Membre d'Administration,
Départementale.

COSTUME

DES ADMINISTRATEURS DE DÉPARTEMENT, ET DES TRÉSORIERS.

La même forme de vêtement que pour le Directoire exécutif. Le dessus noir, doublures, revers, veste, beau clair; écharpe blanche en ceinture; culotte, bas ou pantalon noirs; le chapeau noir, rond, retroussé d'un côté, orné de plumes tricolores panachées, dans lesquelles le bleu domine.

Chaque administration départementale est composée de cinq membres, elle est renouvellée par cinquième tous les ans.

Les Administrations municipales lui sont subordonnées, elles surveillent l'exécution des lois, et les adressent à toutes les municipalités.

Elles délibèrent sur toutes les affaires de leur département.

TRÉSORIERS.

Habit noir ordinaire. Sur le côté gauche, une petite clef brodée en or.

Ces fonctionnaires publics administrent les diverses caisses nationales, et surveillent les divers employés qui y sont préposés.

St. Sauvour direx. Labrousse Sculp.

Président d'Administration Municipale.

S.t Sauveur direx. Labrousse Sculp.

Président d'Administration.
Municipale.

COSTUME

DES

OFFICIERS MUNICIPAUX

ET DE LEUR PRÉSIDENT.

Les Officiers Municipaux portoront l'écharpe tricolore, comme ils ont faits jusqu'à présent.

Les présidens de ces Administrations porteront un chapeau rond, orné d'une petite écharpe tricolore, surmonté d'une plume panachée aux trois couleurs.

L'Administration municipale est chargée de la police d'un canton, de faire connoître les Lois à leurs concitoyens, et de les faire exécuter dans les Communes de leur arrondissement.

www.ingramcontent.com/pod-product-compliance
Ingram Content Group UK Ltd.
Pitfield, Milton Keynes, MK11 3LW, UK
UKHW022113190726
13855UKWH00002B/828

9 782013 057080